나무 문해력

초등 수학
1학년

나무 문해력 초등 수학 1학년
이해하고 판단하고 사용하고 참여하는 입체 문해력

초판 발행일   2025년 1월 10일

지은이   윤병무
펴낸곳   국수

등록번호   제2018-000158호
주소   경기도 고양시 일산동구 진밭로 36-124
전화   (031) 908-9293
팩스   (031) 8056-9294
전자우편   songwriter@kuksu.kr

© 윤병무, 2025, Printed in Goyangsi, Korea

ISBN 979-11-90499-66-8   74080
ISBN 979-11-90499-51-4   (세트)

나무 (초등 수학 1학년) 문해력

이해하고 판단하고 사용하고 참여하는

입체 문해력

윤병무 지음

국수

'나무 문해력' 초등 교과 시리즈를 내며

문해력은 이제 국민의 관심사입니다. 왜 '문해력'에 큰 관심이 생겨났을까요? 초중고 학생들뿐만 아니라 이미 대학 교육을 받은 성인조차도 문해력이 미흡한 사람이 많은 까닭일 것입니다. 문해력이 미흡한 이유는 글을 읽지 못하기 때문이 아닙니다. 글은 또박또박 읽어 내어도 글에 담긴 내용은 제대로 이해하지 못하는 사람들이 적지 않습니다. 왜 그럴까요? 그 까닭을 부족한 어휘력 때문이라고 진단한 책들도 있습니다. 틀린 지적은 아닙니다. 하지만, 어휘력이 향상되는 만큼 저절로 문해력도 향상되는 것은 아닙니다. 글은 어휘의 나열이 아니라 문장과 문단으로 이루어진 입체적 구조물일뿐더러, 때로는 글쓴이가 의도적으로 숨긴 의미도 담고 있기 때문이며, 글에는 글쓴이의 감수성의 무늬가 새겨진 문체도 있기 때문입니다. 그것을 종합적으로 알아차리고 독자의 의견도 독서 반응으로 말과 글로 표현할 수 있는 능력이 바로 문해력입니다.

그런데도 표준국어대사전을 찾아보면 '독해력'과 '문해력'의 뜻은 비슷합니다. 독해력은 '글을 읽어서 뜻을 이해하는 능력'이고, 문해력은 '글을 읽고 이해하는 능력'이랍니다. 이 뜻풀이는 독해력(讀解力)과 문해력(文解力)을 한자 뜻으로만 정의한 것입니다. 하지만 영어로는 독해력은 reading ability이며, 문해력은 literacy입니다. 그래서 영어로 독해력은 '읽기 능력'입니다. 그럼, 영어로 문해력은 무엇일까요? 영어사전에 literacy는 '글을 읽고 쓸 줄 아는 능력'이라고 나와 있습니다. 그런데 사실은 리터러시(literacy)의 개념은 그렇게 간단하지 않습니다.

　　리터러시(literacy)의 개념, 즉 문해력 개념이 왜 간단하지 않은지 살펴보겠습니다. 첫째, 글을 읽는 활동은 '글의 내용을 이해하는 것'이 기본 목적입니다. 그래서 문해력의 첫 번째 의미는 '글을 이해하기'입니다. 둘째, 글을 읽는 활동은 독자에게 생각 거리를 줍니다. 글의 내용이 옳은지 그른지를 판단하게 하고, 글이 나아간 한계를 알아차리게 하고, 때로는 글의 내용을 비판도 하게 합니다. 그래서 문해력의 두 번째 의미는 '글을 판단하기'입니다. 셋째, 글을 읽는 활동은 읽은 글을 두루 사용할 기회를 줍니다. 읽은 글의 일부를 독자가 쓸 글에 옮기고 싶게 하기도 하며, 글 내용에 필요한 정보 가치가 있으면 누군가와의 대화에서 그것을 말하고 싶게 하기도 합니다. 그래서 문해력의 세 번째 의미는 '글을 사용하기'입니다. 넷째, 글을 읽는 활동은 그 글에 대하여 참여하게 합니다. 누리 소통망(SNS)에 글을 읽은 소감을 쓰거나, 학교에 제출할 보고서를 쓰는 활동이 그 사례가 되겠습니다. 그래서 문해력의 네 번째 의미는 '서술로써 참여하기'입니다.

　　이렇게 문해력의 개념은 마치 네 갈래로 나뭇가지를 뻗은 나무와 같습니다. 그런데 방금 얘기한 문해력의 네 가지 개념은 제가 구분 지은

것이 아닙니다. 네 개념의 풀이는 제가 밝혔지만, 문해력을 네 가지 활동 능력으로 구분한 것은 2013년에 경제협력개발기구(OECD)에서 정의한 내용입니다. 즉 OECD는 국가별 국민들의 문해율을 조사한 보고서에서 문해력을 이렇게 정의했습니다. "문해력이란 글을 이해하고 판단하고 사용하고 참여하는 능력이다."(OECD, *OECD Skills Outlook 2013: First Results from the Survey of Adult Skills*, p. 59). 이 정의는 '문해력' 책을 기획하며 자료들을 찾아보던 저를 공감시켰습니다. 문해력이 그저 '글을 읽고 이해하는 능력'에 그친다면, 그것은 '독해력'과 별반 다르지 않은 개념일 텝니다. 그리고 문해력을 그렇게 협소한 뜻으로만 삼는다면 그런 태도는, 앞으로는 우리 사회가 버려야 할 주입식 교육, 수동적 학습, 경쟁의 척도로 쓰이는 상대 평가를 연장시킬 따름일 텝니다. 그래서 저는 문해력 책을 1차원적 개념으로 접근하고 싶지 않았습니다.

그리하여 이 책 각 장에 딸린 '문해력 테스트'는 OECD의 정의에 따라 구성했습니다. 즉, 각 장의 지문(글)에 대하여 ① 이해하기 활동, ② 판단하기 활동, ③ 사용하기 활동, ④ 참여하기 활동을 하도록 편성했습니다. 각 장의 지문은 초등 1학년 수학의 핵심 지식을 담고 있으며, 그 내용을 산문으로 풀어 썼습니다. 그 지문들을 이 책의 독자가 이해하고, 판단하고, 사용하고, 참여하도록 네 부문의 질문으로 내놓았습니다. 그리고 어린이 독자의 '글을 이해하는 능력'을 향상시켜 줄 창발적 방법론을 제시했습니다. 그것이 바로 이 책의 제목이 된 '나무 문해력' 익히기입니다. '나무 문해력' 시리즈는 글의 내용을 나뭇가지 모양의 도식으로 이해하는 방법을 전수하는 책입니다. 즉, 지문(글)을 구조적으로 읽어내어 그 뼈대를 나뭇가지로 그리면서 글의 내용을 맥락으로 이해할 수 있게 하는 방법이 그것입니다. 그러니 독자 여러분은 우선 각 장의 지문을 읽고, 그 지문에 딸린 나무 그림을 보고, 다시 그 지문 내용을 확인하면서 '나무 문해력'을 익히기 바랍니다.

'답' 중에는 '정답'도 있고 '오답'도 있고, '적절한 답'도 있고 '부적절한 답'도 있습니다. 이 얘기는, 질문 중에는 '정답/오답'이 있는 질문도 있고, '적절한 답/부적절한 답'이 있는 질문도 있다는 말이기도 합니다. 그래서 모든 '답'은 '질문'을 따라다닙니다. 어떤 '질문'이냐에 따라 '답'은 '정답/오답' 또는 '적절한 답/부적절한 답'으로 나뉜다는 말입니다. 그중 '정답/오답'은 우리에게 익숙합니다. '적절한 답/부적절한 답'은 우리에게 익숙하지 않습니다. 이 책의 문해력 테스트 중에서 '참여하기'에 내놓은 질문들은 대개는 '적절한 답/부적절한 답'으로 구분될 질문입니다. '참여하기'란 '어떤 일에 끼어들어 관계하기'입니다. 그러니, '참여하기'에는 '정답/오답'보다는 '적절한 답/부적절한 답'이 더 자연스럽습니다. 독자가 '어떻게 참여하느냐'에 따라 그 독자의 문해력의 수준이 나타난다고 저는 생각합니다. 우리는 이미 AI(인공 지능)의 대답을 듣는 시대에 살고 있습니다. 그런데 AI의 대답은 질문을 어떻게 하느냐에 따라 다릅니다. 어찌하다 보니 이제는 질문하는 시대가 되었습니다. 질문은 참여하는 활동입니다. 이 책의 문해력 테스트 중에서 '참여하기' 활동은 적절히 대답하는 능력뿐만 아니라 적절히 질문하는 능력도 키워 주리라고 저는 생각합니다.

2024년 세밑에
지은이 윤병무

추천의 말

―――――

이형래

『읽었다는 착각』, 『문해력 교과서』 공저자
서울대학교 사범대학 부속 초등학교 교장 역임

초등 국어 교육에서 매우 중요한 주제가 있다. 그것은 '읽은 글을 이해하기'이다. 그래서 이 주제는 학년별 초등 국어 교과서에서 자주 다룬다. 그러한 이 교육 주제는 단원에 따라 다음과 같은 성취 목표를 갖는다: 이야기에서 사건이 일어난 차례를 살피는 것, 글에서 주요 내용을 찾는 것, 글에서 중심 문장과 뒷받침 문장을 찾는 것, 글에서 일어난 일의 인과관계를 살피는 것, 글에 나타난 글쓴이의 의견을 알아차리는 것, 글에서 생략된 내용을 짐작하는 것, 글의 흐름을 이해하는 것, 글의 내용을 간추리는 것, 글에서 '사실'과 '의견'을 구분하는 것, 글에서 등장인물의 마음을 짐작하는 것, 이야기에서 '인물·사건·배경'을 살피는 것, 글에서 문장의 짜임을 살피는 것, 읽은 글의 내용을 평가하는 것, 설명하는 글을 요약하는 것, 글의 내용을 추론하는 것 등이 그것이다.

그런데 이러한 교육 목표를 성취하려면 우선은 글쓴이가 글에 어떤 내용을 어떤 순서로 써 냈는지를 학생이 알아차려야 한다. 즉, '아하! 이 글은 이런 내용이 이런 순서로 쓰여 있구나!' 하고, 글을 읽은 학생이 글의 주요 내용을 간추릴 수 있어야 한다. 다시 말하면, 글을 읽은 학생이 그 글의 핵심을 짧은 문장으로 토막토막 적을 수 있어야 한다.

그러기 위한 가장 좋은 방법은 무엇일까? 나는 '나무 문해력 시리즈'에서 바로 그 최선의 방법을 발견했다. 즉, '나무 문해력'은 글의 요점을 나무 한 그루를 그려 가며 나뭇가지마다 적는 방법을 익힐 수 있게 유도해 주고 있다. 이 방법을 익히면 학업 성취도를 높이기 위하여 반드시 문해력을 갖추어야 하는 학생들에게 매우 유용한 습관이 될 것이다. 그런 의미에서 나는 '나무 문해력' 시리즈가 우리 초등학생들의 문해력 향상에 매우 바람직하게 작용할 것이라고 확신한다. 그래서, 추천한다!

이 책의 구성

지문 읽기

초등 1학년 수학 교과목의 단원별
핵심 지식을 산문으로 풀어 쓴
글입니다. 이 책에 담긴 그리 길지
않은 분량의 10편의 산문을 읽으면
초등 1학년 수학 교과서의 주요
내용을 이해할 수 있습니다. 서술형
지문 읽기는 문해력의 기초입니다.

나무 문해력
익히기

이 책의 '나무 문해력 익히기'는 다른
문해력 책들과 분명히 차별화한
기획입니다. '나무 문해력'은 글을
맥락으로 이해하는 방법입니다. 즉, '나무
문해력 익히기'는 독자가 글(지문)의
주요 내용을 나뭇가지 모양으로 그리며
글 전체를 구조화시켜 글의 짜임을
파악하는 인지 활동입니다. 이 활동을
익히면 어떤 글이든 전체적 뼈대를
이해하는 능력이 생깁니다.

문해력
테스트

이해하기
판단하기
사용하기
참여하기

이 책에 수록된 10편의 지문에 대한 문해력 테스트
활동입니다. 독자가 글의 내용을 이해하는지, 글을 어떻게
판단하는지, 글을 변형한 질문에 어떻게 답하는지, 글의
주제를 확장한 서술형 질문에 어떻게 답변하는지를 각각
테스트합니다. 테스트는 장마다 '이해하기(1, 2), 판단하기,
사용하기, 참여하기' 부문으로 구성되어 있습니다.

해답

'정답'이 아닌 '해답'입니다.
'이해하기, 판단하기, 사용하기'의
질문들에 대하여는 옳은 답을
분명히 밝혔지만, '참여하기'의
서술형 질문은 '적절한 답',
또는 '바람직한 답'을 써 놓았기
때문입니다. 이 책의 지은이는,
'깊은' 문해력은 논리적 근거로써
활짝 열려 있다고 생각합니다.

차례

1

수는
어떻게 나타낼까

1학기
9까지의 수

‘수’와 ‘숫자’는 서로 같은 뜻을 나타내는 낱말일까요? 아니면, 서로 다른 뜻을 나타내는 낱말일까요? 얼핏 생각하면 수와 숫자의 뜻은 비슷해 보입니다. 하지만, 이 두 낱말에는 뜻에 차이가 있습니다. 수는 셀 수 있는 어떤 것을 세어서 나타낸 값이고, 숫자는 수를 나타내는 한 표시입니다. 그래서 수는 숫자뿐만 아니라 여러 가지로 표시할 수 있습니다. 다시 말하면, 수는 숫자로도 나타낼 수 있고, 문자로도 나타낼 수 있고, 솔방울로도 나타낼 수 있습니다.

1부터 9까지의 수를 숫자로 나타내 볼까요? 아라비아 숫자로는 ‘1, 2, 3, 4, 5, 6, 7, 8, 9’라고 씁니다. 로마 숫자로는 ‘I, II, III, IV, V, VI, VII, VIII, IX’라고 씁니다.

1부터 9까지의 수를 문자로 나타내 볼까요? 한글로는 '일, 이, 삼, 사, 오, 육, 칠, 팔, 구'라고 쓰거나, '하나, 둘, 셋, 넷, 다섯, 여섯, 일곱, 여덟, 아홉'이라고 씁니다. 한자로는 'ㅡ, 二, 三, 四, 五, 六, 七, 八, 九'라고 씁니다. 영어로는 'one, two, tree, four, five, six, seven, eight, nine'이라고 씁니다.

1부터 9까지의 수를 솔방울로 나타내 볼까요? 어떤 사람이 운동 삼아 매일 작은 공원을 아홉 바퀴 돕니다. 그 사람은 작은 동산을 한 바퀴 돌 때마다 출발점 길가에 솔방울을 한 개씩 놓습니다. 동산 도는 횟수를 스스로 알아차리기 쉽게 그렇게 하는 것입니다. 그래서 그는 오솔길에 솔방울 아홉 개가 모이면 걷기 운동을 마칩니다. 그 사람에게 그 솔방울은 수의 또 다른 표시입니다.

왜 옛날부터 사람들은 수를 여러 가지로 표시하게 되었을까요? 수라는 것이 어디에 따로 있는 것이 아니기 때문입니다. 수는 꽃다발의 장미 아홉 송이에도 있고(9), 여덟 조각 낸 피자에도 있고(8), 세상에 하나뿐인 엄마와 아빠에게도 있습니다(2). 아홉 송이, 여덟 조각, 엄마와 아빠는 수로 표시할 수 있는 대상인 것입니다.

이렇게 수는 우리가 생활하면서 발견할 수 있습니다. 장미 송이 수, 피자 조각 수, 연필 자루 수, 인형 개수 등등 무엇이든 셀 수 있는 모든 것에 수는 나타납니다. 사람들은 그런 수를 남들이 잘 알아차릴 수 있도록 여러 가지로 표시합니다. 숫자, 문자, 솔방울은 수를 표시하는 방법입니다.

□에 알맞은 말을 쓰세요.

수는 생활에서 발견할 수 있다

수는 따로 있는 것이 아니다

솔방울로 나타낸 □

□자로 나타낸 수

숫자로 나타낸 수

수는 여러 가지로 표시할 수 있다

수와 □자의 차이

이해하기 1

앞의 글에서 나타낸 '수'의 낱말 뜻을 □에 알맞게 쓰세요.

수는 □ 수 있는 어떤 것을 □어서 나타낸 값이다.

이해하기 2

앞의 글에서 나타낸 '숫자'의 낱말 뜻을 □에 알맞게 쓰세요.

숫자는 □를 나타내는 한 표시이다.

판단하기

숫자로 나타낸 수에 밑줄 치세요.

일, 이, 삼, 사, 오, 육, 칠, 팔, 구

一, 二, 三, 四, 五, 六, 七, 八, 九

1, 2, 3, 4, 5, 6, 7, 8, 9

one, two, tree, four, five, six, seven, eight, nine

사용하기

한 아이가 세발자전거에서 여러 수를 발견하였습니다. 그 수들을 □에 숫자로 쓰세요.

바퀴 수: ☐

손잡이 수: ☐

발판(페달) 수: ☐

수는 숫자로 쓸 수도 있고, 문자로 쓸 수도 있습니다. 그 둘 중에 어느 쪽이 더 쓰기 편할까요? 둘 다 써 보고, 스스로 생각하여 대답하세요.

2

수는
무엇에 쓰일까

1학기
9까지의 수

'수'는 무엇에 쓰일까요? '수가 무엇에 쓰인다'라는 말은 '어떤 필요'가 있기 때문에 쓰이는 것입니다. 뒤집어 말하면, '어떤 필요' 때문에 수가 쓰이는지를 알아내면, 수가 무엇에 쓰이는지도 알 수 있습니다.

'수가 쓰이는 어떤 필요'를 예로 들겠습니다. 옛날에 암수 두 마리의 양을 키우던 사람이 있었습니다. 초원에서 잘 자라던 두 양은 얼마 후 여러 마리의 새끼를 낳았습니다. 몇 년이 지나자 양들은 울타리가 작을 만큼 더 많아졌습니다. 양의 주인은 자기가 키우는 양 떼가 모두 몇 마리인지 알고 싶어졌습니다. '개수를 셀 필요'가 생겨난 것입니다.

이러한 필요에 따라 생겨난 수의 쓰임은 개수(분량)의 표시입니다. 그래서 사람들은 양들의 수뿐만 아니라, 바구니에 담긴 감자의 수, 식탁에 놓을 숟가락의 수를 셌습니다. 이런 수를

한 마리, 두 마리, 세 마리

나무 문해력 초등 수학 1학년

'집합수', 또는 '기수'(基數)라고 합니다. 집합수, 또는 기수는 '수'의 기초입니다.

또 다른 필요에 따라 생겨난 '수'도 있습니다. 그 수는 순서를 매길 필요 때문에 생겨났습니다. 예를 들겠습니다. 옛날에 부모가 아홉 명의 아이를 낳습니다. 아이들은 태어난 순서에 따라 첫째 아이, 둘째 아이, 셋째 아이……가 됩니다. 이런 필요에 따라 생겨난 수의 쓰임은 순서(차례)의 표시입니다. 1월, 2월, 3월, 4월, 5월, 6월, 7월, 8월, 9월, 10월, 11월, 12월은 달력의 순서입니다. 그래서 달력에 표시된 숫자는 순서를 뜻합니다. 『아기 돼지 삼 형제』 동화에는 첫째 돼지, 둘째 돼지, 셋째 돼지가 등장합니다. 이렇게 첫째, 둘째, 셋째……로 사용하는 수를 '순서수', 또는 '서수'(序數)라고 합니다. 순서수(서수)는 어떤 일의 순서를 매길 때 사용하는 수입니다.

1등, 2등, 3등

수는 전혀 다른 필요에 따라 쓰이기도 합니다. 그것은 '다름의 표시'입니다. 예컨대 시내버스에 붙인 숫자는 개수나 순서를 나타낸 것이 아니라 시내버스마다 다니는 길이 다르다는 것을 표시한 것입니다. 축구 선수 운동복에 표시한 숫자도 서로 다른 선수임을 나타냅니다. 텔레비전의 채널 숫자도 서로 다른 방송임을 표시한 것입니다. 왜 '다름의 표시'를 숫자로 했을까요? 숫자로 표시하면 여러 무늬 따위로 표시하는 것보다 분명한 차이를 나타낼 수 있기 때문입니다.

이렇게 수는 개수(분량)를 표시하는 기수(집합수)로도 쓰이고, 순서(차례)를 표시하는 서수(순서수)로도 쓰입니다. 그리고 여럿 중의 차이를 나타내는 '다름의 표시'로도 쓰입니다. 이 모두의 수는 사람들의 여러 필요에 따라 생겨난 것입니다.

10번 선수

□에 알맞은 말을 쓰세요.

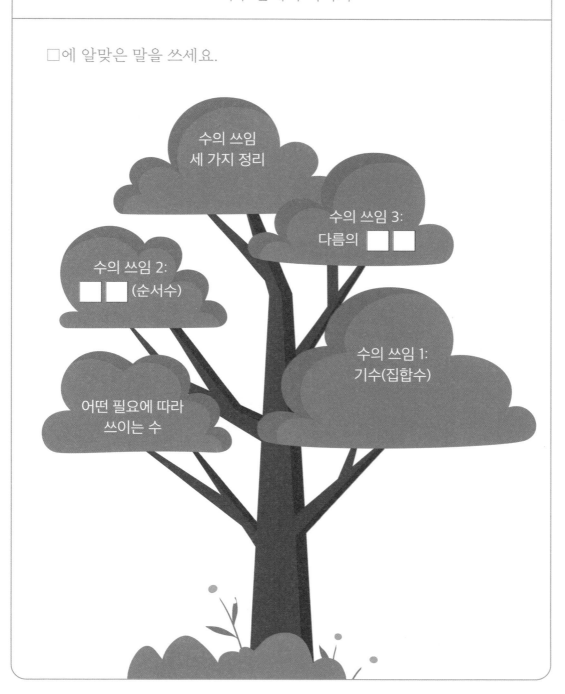

수의 쓰임
세 가지 정리

수의 쓰임 3:
다름의 □□

수의 쓰임 2:
□□ (순서수)

수의 쓰임 1:
기수(집합수)

어떤 필요에 따라
쓰이는 수

이해하기 1

수의 세 가지 쓰임은 무엇인가요? □에 알맞은 말을 쓰세요.

수의 첫 번째 쓰임: 개수(분량)를 세는 것

수의 두 번째 쓰임: 순서(차례)를 나타내는 것

수의 세 번째 쓰임: □□ 을 표시하는 것

이해하기 2

질문에 대하여 각각 알맞은 낱말을 □에 쓰세요.

개수(분량)를 표시하는 수를 무엇이라고 부르나요?

□□ **또는 집합수**

순서(차례)를 표시하는 수를 무엇이라고 부르나요?

□□ **또는 순서수**

판단하기

아래 문장에 쓰인 수가 기수인가요? 서수인가요? 맞는 낱말에 밑줄 치세요.

아빠가 나무에서 감을 따며 그 수를 셌다. 하나, 둘, 셋, 넷, 다섯⋯⋯
(기수 / 서수)

은행에 도착하여 번호표를 뽑았다. 번호표에 쓰인 수는 58이었다.
(기수 / 서수)

사용하기

한 아이가 쓴 일기입니다. 이 일기에 쓰인 '기수'와 '서수'를 찾아서 '기수'에는 파란색 밑줄을 치고, '서수'에는 붉은색 밑줄을 치세요.

우리 할아버지는 육 남매 중에서 둘째로 태어나셨는데, 올해로 72세이다. 우리 가족은 우리 할아버지와 할머니를 매월 둘째 주와 넷째 주 일요일에 찾아뵙는다.

자신이 좋아하는 간식들이 무엇인가요? 자신이 가장 좋아하는 간식부터 '서수'를 사용하여 쓰세요.

3

여러 모양의 특징

1학기
여러 가지 모양

주변을 둘러보아요. 여러 가지 모양이 있습니다. 냉장고 같은 '상자 모양', 통나무 같은 '둥근 기둥 모양', 축구공 같은 '공 모양'도 있습니다. 그 모양들은 서로 다르게 생겼지만, 모양에 따라 서로 같은 점도 있습니다. 상자 모양, 둥근 기둥 모양에는 평평하고 반듯한 부분이 있습니다. 그것이 같은 점입니다. 그래서 상자 모양, 둥근 기둥 모양은 평평한 부분을 판판한 바닥에 가만히 두면 잘 세워 놓을 수 있습니다. 둥근 기둥 모양, 공 모양에는 둥글고 휘어진 부분이 있습니다. 그것도 같은 점입니다. 그래서 둥근 기둥 모양, 공 모양은 둥근 부분을 비스듬히 기울어진 바닥에 두면 잘 굴러갑니다.

이렇게 모양들의 생김새가 여러 가지여서 옛날부터 사람들은 모양들의 특징들을 생각하여 이러저러한 물건들을 만들었습니다. 집을 지을 때 사용하는 벽돌이나 옷장은 '상자

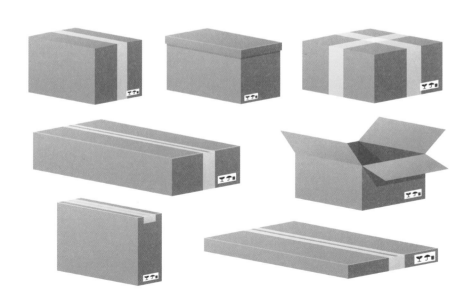

나무 문해력 초등 수학 1학년

모양'으로 만들었습니다. 붓이나 낫 같은 농기구의 손잡이는 '둥근 기둥 모양'으로 만들었습니다. 눈사람이나 구슬이나 축구공은 '공 모양'으로 만들었습니다. 물건들을 필요한 대로 만들어야 쓸모 있기 때문입니다.

그런가 하면, 자연으로 저절로 만들어진 모양도 있습니다. 자연 세상을 머릿속에 떠올려 봅시다. 강물이나 바닷물 속에서 자라는 다슬기, 소라, 고동의 껍데기는 '고깔 모양'과 비슷합니다. 다슬기, 고동, 소라는 물속의 바위에 붙어 살아갑니다. 그래서 파도의 물결에 휩쓸리지 않으려고 몸의 껍데기를 뾰족한 고깔 모양으로 하고 있는 것입니다. 또한 나무들은 '둥근 기둥 모양'입니다. 둥근 기둥 모양은 잘 자랄 수 있는 모양이며 모나지 않아 바람에도 잘 견디면서 잘 서 있을 수 있습니다.

자연에는 '공 모양'도 많습니다. 우리나라 서해의 만리포 해수욕장의 흰색 차돌들은 공 모양입니다. 아주 오랜 세월 동안 파도에 휩쓸려 조금씩 닳고 굴러서 동그란 공 모양이 된 것입니다. 그보다 훨씬 더 큰 세상인, 우주에 있는 해와 달의 모양은 어떤가요? 해와 달도 공 모양입니다. 마찬가지로, 우리가 살고 있는 지구도 공 모양입니다. 이렇게 해, 달, 지구처럼 우주의 매우 큰 덩어리들은 공 모양입니다. 까마득한 옛날부터 우주에서 빙글빙글 돌면서 공 모양이 된 것입니다. 그러고 보면 세상의 모든 모양에는 그 모양이 된 까닭이 있습니다.

나무 문해력 익히기

□에 알맞은 말을 쓰세요.

자연이 만들어 낸 모양들:
□□ 모양, 둥근 기둥 모양,
공 모양

모양들의 특징을 생각하여 만든
물건들: □□ 모양, 둥근 기둥
모양, 공 모양

여러 모양과
그 모양들의 같은 점

이해하기 1

'상자 모양'과 '둥근 기둥 모양'의 같은 점을 바르게 설명한 문장에 밑줄 치세요.

상자 모양과 둥근 기둥 모양에는 둥글고 휘어진 부분이 있다.
상자 모양과 둥근 기둥 모양에는 평평하고 반듯한 부분이 있다.
상자 모양과 둥근 기둥 모양에는 잘 굴러 가는 부분이 있다.

이해하기 2

앞의 글의 내용입니다. □에 알맞은 낱말을 쓰세요.

붓이나 낫 같은 농기구의 손잡이는 '둥근 ☐☐ 모양'으로 만들었습니다. 눈사람이나 구슬이나 축구공은 '☐ 모양'으로 만들었습니다.

판단하기

집을 짓거나 담장을 쌓을 때 사용하는 벽돌의 모양은 어떤 모양일까요? 그 모양에 밑줄 치세요.

둥근 기둥 모양

공 모양

상자 모양

고깔 모양

사용하기

옳게 설명한 문장에 ∨ 표시를 하세요.

축구공을 공 모양으로 만든 까닭은

1. 잘 멈추게 하기 위함이다. (   )

2. 잘 구르게 하기 위함이다. (   )

럭비공을 길쭉한 모양으로 만든 까닭은

1. 공이 구르는 방향을 예상할 수 있게 한 것이다. (   )

2. 공이 구르는 방향을 예상할 수 없게 한 것이다. (   )

태양을 비롯하여 수많은 별의 모양은 '공 모양'이에요. 그런데도 사람들은 ★ 모양을 '별 모양'이라고 불러요. 왜 별 모양을 ● 모양으로 그리지 않고 ★으로 그렸을까요? 그 까닭을 생각하여 쓰세요.

4

덧셈

$$0 + 10 = 10 \qquad 10 + 0 = 10$$

$$1 + 9 = 10 \qquad 9 + 1 = 10$$

$$2 + 8 = 10 \qquad 8 + 2 = 10$$

$$3 + 7 = 10 \qquad 7 + 3 = 10$$

$$4 + 6 = 10 \qquad 6 + 4 = 10$$

$$5 + 5 = 10 \qquad 5 + 5 = 10$$

덧셈이란 무엇일까요? 덧셈은 어떤 수와 다른 수를 더하는 활동입니다. 그래서 덧셈을 하려면 반드시 '어떤 수'가 있어야 하고, '또 다른 수'도 있어야 합니다. 그래야 그 양쪽의 수를 더할 수 있기 때문입니다. '더하다'라는 활동은 '보태다' 또는 '모으다'와 같은 활동을 뜻하는 말입니다. 그래서 덧셈을 처음 배우는 아이들이 제대로 덧셈을 하기 전에 우선 '모으기' 활동부터 여러 번 해 보는 것입니다.

예컨대, 초코바 3개와 또 다른 초코바 2개를 '모으면' 초코바는 모두 5개가 됩니다. 이 말은 초코바 3개에 다른 초코바 2개를 '보태면' 초코바는 모두 5개가 된다는 말과 같습니다. 마찬가지로, 이 말은 초코바 3개에 다른 초코바 2개를 '더하면' 초코바는 모두 5개가 된다는 말과 같습니다. 그래서 수학에서 '모으기, 보태기, 더하기'는 같은 뜻으로 사용하는 낱말입니다. 이런 '모으기, 보태기, 더하기' 활동이 바로 덧셈입니다. 그리고 덧셈을 하여 나온 결과를 '두 수의 합(合)'이라고 합니다.

아이들이 모으기 활동에 익숙해지면, 제대로 된 덧셈 활동을 하게 됩니다. 그것은 덧셈 식을 배우고 익히는 것입니다. 덧셈은 덧셈 식으로 하면 계산하기에 편리하기 때문입니다. 덧셈 식에서 '더하기'는 +로 나타내고, '같다'는 =로 나타냅니다. 그래서 앞에서 예를 든 '초코바 모으기, 보태기, 더하기'를 덧셈 식으로 나타내면 '3+2=5'입니다. 이 덧셈 식은 쓸 때는 '3+2=5'라고 쓰고, 읽을 때는 '3 더하기 2는 5와 같습니다.' 또는 '3과 2의 합은 5입니다.'라고 읽습니다.

덧셈은 일상생활에서 가장 많이 사용하는 계산법입니다. 예컨대, 엄마가 방금 사 온 계란을 냉장고의 계란 통에 담습니다. 계란 12개를 담을 수 있는 계란 통입니다. 그런데 계란 통에는 이미 계란 3개가 담겨 있습니다. 그래서 엄마는 새로 사 온 계란 중에서 9개를 보태어 계란 통을 채웠습니다. 이 덧셈 식은 3+9=12인데, 이때의 덧셈은 '보탠다'라는 뜻을 담고 있습니다.

덧셈에 대한 또 다른 예를 들겠습니다. 두 아이가 약속합니다. 종이로 접은 꽃들을 선생님께 드리기로 약속합니다. 두 아이는 종이꽃을 각각 다섯 송이씩 접어 열 송이를 마련하기로 했습니다. 계획한 대로 두 아이가 선생님께 드린 종이꽃은 모두 열 송이였습니다. 이 덧셈 식은 5+5=10인데, 이때의 덧셈은 '합한다'라는 뜻을 담고 있습니다. 이렇듯 덧셈은 때로는 '보탠다'라는 뜻을 담고 있고, 때로는 '합한다'라는 뜻을 담고 있습니다.

나무 문해력 익히기

□에 알맞은 말을 쓰세요.

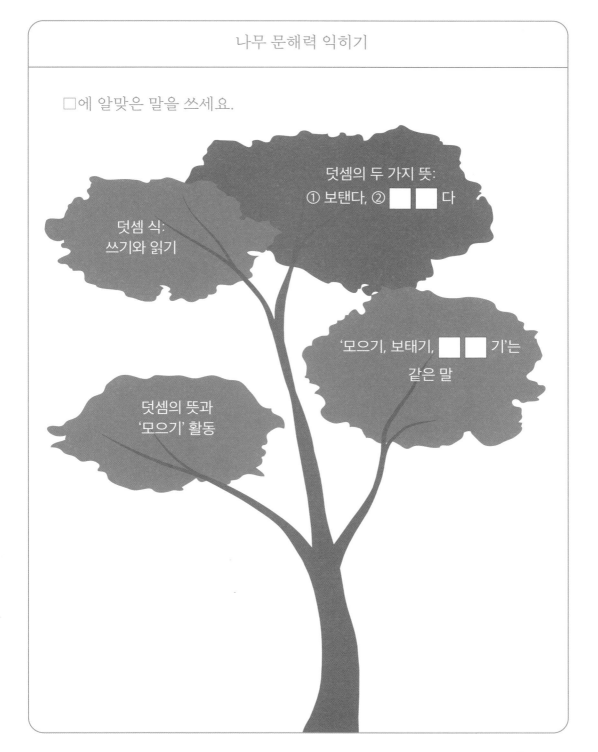

덧셈의 두 가지 뜻:
① 보탠다, ② □□ 다

덧셈 식:
쓰기와 읽기

'모으기, 보태기, □□ 기'는
같은 말

덧셈의 뜻과
'모으기' 활동

4 덧셈

45

이해하기 1

앞의 글에서 설명한 덧셈의 뜻입니다. □에 알맞은 말을 찾아 쓰세요.

덧셈은 어떤 수 □ 다른 수를 □□ 는 활동이다.

이해하기 2

덧셈 식에 대한 설명입니다. □에 알맞은 표시를 쓰세요.

덧셈 식에서
'더하기'는 □ 로 나타내고,
'같다'는 □ 로 나타낸다.

판단하기

아래의 일기에는 덧셈이 나옵니다. 그 덧셈은 '보탠다'의 뜻인가요? '합한다'의 뜻인가요? 둘 중 알맞은 뜻에 밑줄 치세요.

낮에 언니와 함께 마켓에 갔다. 내가 이천 원짜리 과자를 사려는데, 가진 돈은 천오백 원뿐이었다. 그것을 본 언니가 내게 오백 원을 주었다. 언니 덕분에 과자를 살 수 있었다. 고마웠다.

(천오백 원에 오백 원을 보탠다)

(천오백 원과 오백 원을 합한다)

사용하기

형은 초콜릿 9개와 사탕 12개를 가지고 있습니다. 동생은 초콜릿 11개와 사탕 8개를 가지고 있습니다. 형이 가진 초콜릿, 사탕의 개수와 동생이 가진 초콜릿, 사탕의 개수를 □에 덧셈 식으로 쓰세요.

형: 9+ □ = □

동생: 11 □ 8 □ 19

덧셈을 '덧셈 식'으로 하면 좋은 점이 무엇일까요? 스스로 생각하여 쓰세요.

5

빼 셈

1학기
덧셈과 뺄셈

뺄셈이란 무엇일까요? 뺄셈은 어떤 수에서 다른 수를 빼는 활동입니다. 그래서 덧셈처럼 뺄셈을 하려면 반드시 '어떤 수'가 있어야 하고, '또 다른 수'도 있어야 합니다. 그래야 한쪽의 수에서 다른 쪽이 수를 뺄 수 있기 때문입니다. '빼다'라는 활동은 '가르다'와 같은 활동을 뜻하는 말입니다. 그래서 뺄셈을 처음 배우는 아이들이 제대로 뺄셈을 하기 전에는 우선 '가르기' 활동부터 여러 번 해 보는 것입니다.

예컨대, 귤 5개를 양쪽으로 가르려면 귤 1개와 귤 4개로 가를 수 있습니다. 또는 귤 2개와 귤 3개로도 가를 수 있습니다. 이러한 '가르기' 활동이 바로 뺄셈의 시작입니다. 귤 5개에서 귤 1개를 빼면 귤 4개가 남습니다. 또는 귤 5개에서 귤 2개를 빼면 귤 3개가 남습니다. 이렇게 뺄셈을 하여 나온 결과를 '두 수의 차(差)'라고 합니다.

나무 문해력 초등 수학 1학년

아이들이 가르기 활동에 익숙해지면, 이후에는 뺄셈 활동을 하게 됩니다. 그것은 뺄셈 식을 배우고 익히는 것입니다. 뺄셈은 뺄셈 식으로 하면 계산하기에 편리합니다. 뺄셈 식에서 '빼기'는 − 로 나타내고, '같다'는 =로 나타냅니다. 그래서 '귤 5개에서 귤 2개 빼기'를 뺄셈 식으로 나타내면 '5 − 2 = 3'입니다. 이 뺄셈 식은 쓸 때는 '5 − 2 = 3'이라고 쓰고, 읽을 때는 '5 빼기 2는 3과 같습니다.' 또는 '5와 2의 차는 3입니다.'라고 읽습니다.

덧셈처럼 뺄셈도 일상생활에서 많이 사용하는 계산법입니다. 예컨대, 3명의 아이가 모여 앉아 8조각의 피자를 2조각씩 먹으면 몇 조각이 남는지는 피자를 먹지 않아도 뺄셈을 하면 금방 알 수 있습니다. 뺄셈에는 세 가지 뜻이 있습니다. 첫 번째는 '덜어낸다.'라는 뜻입니다. 즉, '피자 8조각에서 6조각을 덜어내면

2조각이 남는다.'입니다. 뺄셈의 두 번째 뜻은 '차이가 있다.'입니다. 예를 들면 '수빈은 인형 5개를 가지고 있고, 예진은 인형 3개를 가지고 있다. 수빈의 인형과 예진의 인형의 개수의 차이는 2개이다.'입니다. 뺄셈의 세 번째 뜻은 '같아진다.'입니다. 예를 들면 '수빈은 장난감 로봇 3개를 가지고 있고, 예진은 장난감 로봇 5개를 가지고 있다. 수빈이 장난감 로봇 2개를 더 가지면 예진의 장난감 로봇 개수와 같아진다.'입니다. 이렇게 뺄셈에는 '덜어낸다', '차이가 있다', '같아진다'라는 세 가지 뜻이 있습니다.

나무 문해력 익히기

□에 알맞은 말을 쓰세요.

뺄셈의 세 가지 뜻:
덜어낸다,
□□ 가 있다,
같아진다

□□ 식

'가르기'의 예

뺄셈의 뜻과 '가르기' 활동

이해하기 1

앞의 글에서 설명한 뺄셈의 뜻입니다. □에 알맞은 말을 찾아 쓰세요.

뺄셈은 어떤 수 □□ 다른 수를 □는 활동이다.

이해하기 2

뺄셈 식에 대한 설명입니다. □에 알맞은 표시를 쓰세요.

뺄셈 식에서
'빼기'는 □ 로 나타내고,
'같다'는 □ 로 나타냅니다.

판단하기

아래의 글에는 뺄셈이 나옵니다. 그 뺄셈은 '덜어낸다'는 뜻인가요? '차이가 있다'는 뜻인가요? '같아진다'는 뜻인가요? 셋 중 알맞은 뜻에 밑줄 치세요.

오늘 점심시간에 운동장에서 놀았다. 5명의 아이들이 그네를 향해 달려갔다. 탈 수 있는 그네는 4개뿐이었다. 그래서 늦게 도착한 한 아이는 그네를 타지 못했다. 5－4＝1이기 때문이었다. 내가 양보했다.

(덜어낸다)   (차이가 있다)   (같아진다)

사용하기

□에 알맞은 수를 쓰세요.

형은 장난감 자동차를 17개 가지고 있고, 동생은 장난감 자동차를 12개 가지고 있다. 동생이 장난감 자동차 □ 개를 더 가지면 형이 갖고 있는 장난감 자동차 개수와 같아진다.

'두 수의 차'가 5가 되게끔 □에 알맞은 수를 쓰세요.

$10 - \boxed{} = 5$

$\boxed{} - 4 = 5$

$8 - \boxed{} = 5$

$\boxed{} - 2 = 5$

$6 - \boxed{} = 5$

6

비교하는 표현

어떤 것이 있고, 그것과 다른 무엇이 있습니다. 이때 '다르다'는 말은 '차이가 있다'는 뜻입니다. 그러면, 무엇과 다른 무엇의 차이는 어떻게 알아차릴 수 있을까요? 그 둘을 비교하면 알 수 있습니다. '비교'의 뜻은 무엇일까요? 비교는 어떤 것과 다른 것의 비슷한 점이나 다른 점 따위를 살피는 활동입니다. 그러려면 살펴 비교한 활동의 결과를 말과 글로도 표현할 줄 알아야 합니다. 우리가 어떤 사물과 또 다른 사물을 비교할 때 어떻게 표현할까요? 그것은 양쪽 사물의 무엇을 비교하느냐에 따라 비교하는 표현도 달라집니다.

'길이'를 비교할 때는 '~이 ~보다 길다.' 또는 '~이 ~보다 짧다.'라고 표현합니다. 예를 들면, '기린의 목은 사슴의 목보다 길다.'라고 합니다. 길이는 '한 끝에서 다른 끝까지의 거리'를 뜻하는 말이므로 '길다/짧다'라고 표현합니다.

짧다

길다

'넓이'를 비교할 때는 '~이 ~보다 넓다.' 또는 '~이 ~보다 좁다.'라고 표현합니다. 예를 들면, '교실은 운동장보다 좁다.'라고 합니다. 넓이는 '어떤 평평한 곳의 범위의 크기'를 뜻하는 말이므로 '넓다/좁다'라고 표현합니다.

'높이'를 비교할 때는 '~이 ~보다 높다.' 또는 '~이 ~보다 낮다.'라고 표현합니다. 예를 들면, '고층 건물은 일층 집보다 높다.'라고 합니다. 높이는 '아래에서 위까지의 길이'를 뜻하는 말이므로 '높다/낮다'라고 표현합니다.

'무게'를 비교할 때는 '~이 ~보다 무겁다.' 또는 '~이 ~보다 가볍다.'라고 표현합니다. 예를 들면, '수박 한 개는 딸기 한 개보다 무겁다.'라고 합니다. 무게는 '물건의 무거운 정도'를 뜻하는 말이므로 '무겁다/가볍다'라고 표현합니다.

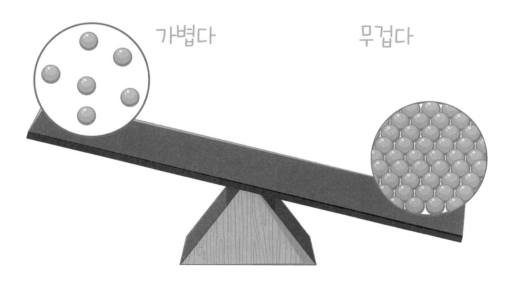

'양'을 비교할 때는 '~이 ~보다 많다.' 또는 '~이 ~보다 적다.'라고 표현합니다. 예를 들면, '욕조를 채운 물은 세면대를 채운 물보다 많다.'라고 합니다. 양은 '세거나 잴 수 있는 수량이나 분량'을 뜻하는 말이므로 '많다/적다'라고 표현합니다.

이렇게, 어떤 사물과 또 다른 사물을 비교할 때는 두 사물의 무엇을 비교하느냐에 따라서 비교하는 표현도 달라집니다. 그래도 비교하는 표현을 할 때 주로 쓰는 말이 있습니다. 그것은 '~이(가) ~보다'라는 말입니다. '~보다'라는 말이 무엇과 다른 무엇을 비교하는 뜻을 담고 있기 때문입니다.

나무 문해력 초등 수학 1학년

나무 문해력 익히기

□에 알맞은 말을 쓰세요.

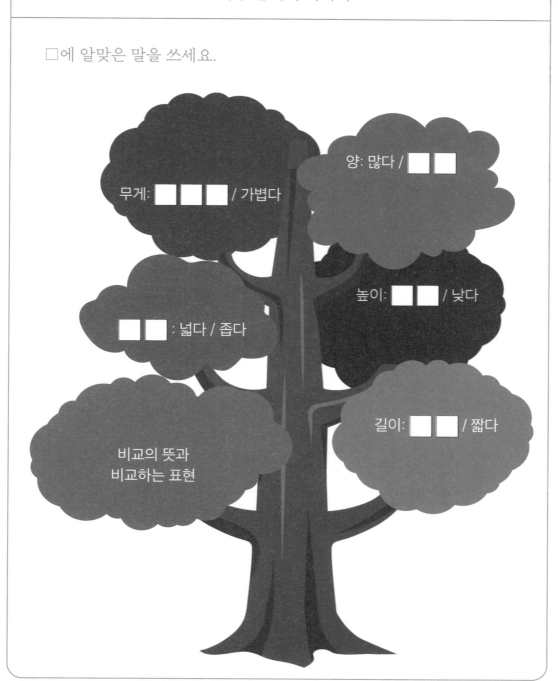

이해하기 1

비교하는 표현에는 주로 쓰이는 낱말이 있습니다. □에 그 낱말을 쓰세요.

비교하는 말은 '~이 ~ □□ ~다.'라고 표현한다.

이해하기 2

□에 알맞은 말을 쓰세요.

□□를 비교할 때는 '~이 ~보다 길다.'
또는 '~이 ~보다 □다.'라고 표현한다.

□□를 비교할 때는 '~이 ~보다 무겁다.'
또는 '~이 ~보다 □□다.'라고 표현한다.

나무 문해력 초등 수학 1학년

판단하기

괄호에 들어갈 알맞은 낱말에 밑줄 치세요.

청바지보다 반바지가 더 (**좁다** / **짧다**)

일층 집의 높이가 아파트의 높이보다 더 (**낮다** / **작다**)

사용하기

괄호에 들어갈 알맞은 낱말에 밑줄 치세요.

기린의 목은 얼룩말의 목보다 (**길어서** / **높아서**) 높은 가지
에 달린 잎을 먹을 수 있다.

아빠의 몸무게는 나의 몸무게보다 (**많아서** / **무거워서**) 둘
이 시소를 타면 아빠 쪽으로 기운다.

'비교하는 표현'은 수학보다는 국어 과목과 관련된 지식인 것 같습니다. 그런데 왜 '비교하는 표현'이 수학 과목에서 배우는 지식이 되었을까요? 곰곰이 생각하여 답변하세요.

7

10개씩 묶음과 낱개

0은 어떤 수인가요? 0은 저 혼자 있을 때는 1보다 작은 수여서 '하나도 없음'을 뜻하는 수입니다. 하지만 0이 1부터 9까지의 다른 수의 뒤에 붙어 있을 때는 십(열)을 뜻합니다. 예컨대, 0이 1 뒤에 붙어 함께 쓰일 때는 10(십, 열)이 됩니다. 마찬가지로, 0이 2 뒤에 붙어 함께 쓰일 때는 20(이십, 스물)이 됩니다. 이 규칙에 따라 0이 3 뒤에 붙어 쓰이면 30(삼십, 서른)이라는 수가 만들어지고, 0이 4 뒤에 붙어 쓰이면 40(사십, 마흔)이라는 수가 만들어지고, 0이 5 뒤에 붙어 쓰이면 50(오십, 쉰)이라는 수가 만들어집니다.

10은 9보다 1 크고 11보다 1 작은 수입니다. 그러한 10은 두 가지 뜻을 담고 있습니다. 첫째는, 10은 '낱개가 열 개 있다.'라는 뜻을 갖고 있습니다. 둘째는, 10은 '열 개인 것이 한 묶음 있다.'라는 뜻을 갖고 있습니다. 그러므로 20은 '열 개인 것이 두 묶음 있다.'라는 뜻을 갖고 있습니다. 마찬가지로, 30은 '열 개인 것이 세 묶음 있다.'라는 뜻을 갖고 있으며, 40은 '열 개인 것이 네 묶음 있다', 50은 '열 개인 것이 다섯 묶음 있다.'라는 뜻을 갖고 있습니다.

　　그런데 열 개인 것을 묶고 남는 수가 있습니다. 예컨대, 14는 10개씩 묶음 1개와 낱개 4개로 이루어진 수입니다. 26은 10개씩 묶음 2개와 낱개 6개로 이루어진 수입니다. 32는 10개씩 묶음 3개와 낱개 2개로 이루어진 수입니다. 그러므로 10보다 큰 수는 먼저 열 개씩 묶고서 나머지 낱개를 세면 전체 수를 쉽게 헤아릴 수 있습니다. 예를 들면 17은 먼저 10을 하나로 묶고 남은 7을 세면 셈하기 쉽습니다. 25는 먼저 10씩을 둘로 묶고 남은 5를 세면

쉽습니다. 34는 먼저 10씩을 셋으로 묶고 남은 4를 세면 그 수를 세기 쉽습니다.

　그래서 수의 크기를 비교할 때도 먼저 10씩 묶은 수부터 비교하고 나서 낱개를 비교하면 수의 크기를 잘 알 수 있습니다. 예를 들면 25는 17보다 큰 수입니다. 왜냐하면 25는 10+10+5와 같고, 17은 10+7과 같기 때문에 25가 17보다 8 큰 수입니다. 이렇게 먼저 10씩 묶은 수부터 비교하고 남은 낱개를 비교하면 수의 크기를 쉽게 알 수 있습니다.

　그러면 10씩 묶은 수의 크기가 같은 경우는 어떻게 비교할까요? 예를 들어 32와 34는 둘 다 10+10+10이므로 10씩 묶은 수의 크기까지는 양쪽이 같습니다. 하지만 낱개에서 수의 크기가 차이 납니다. 즉 낱개인 2보다 4가 크므로 32보다 34가 더 큰 수입니다.

□에 알맞은 말을 쓰세요.

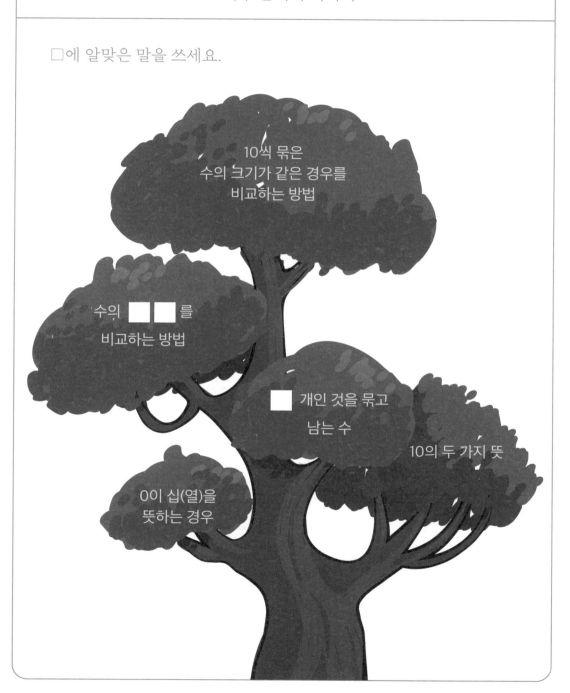

10씩 묶은
수의 크기가 같은 경우를
비교하는 방법

수의 ▢▢를
비교하는 방법

▢개인 것을 묶고
남는 수

10의 두 가지 뜻

0이 십(열)을
뜻하는 경우

□에 알맞은 낱말이나 숫자를 쓰세요.

10은 십(열)이다.

20은 이십(□□)이다.

□은 삼십(□□)이다.

40은 사십(□□)이다.

50은 □□(□)이다.

□에 알맞은 낱말을 쓰세요.

10은 '낱개가 □ 개 있다.'라는 뜻을 갖고 있으며

'열 개인 것이 한 □□ 있다.'라는 뜻도 갖고 있다.

판단하기

열 개씩 묶음과 낱개를 구분하여 □에 알맞은 수를 쓰세요.

$$13=10+3$$

$$\boxed{}=10+10+8$$

$$37=\boxed{}+\boxed{}+\boxed{}+7$$

$$46=10+10+10+10+\boxed{}$$

사용하기

□에 알맞은 낱말이나 숫자를 써서 46과 49의 크기를 비교하세요.

46과 49는 둘 다 $10+10+10+\boxed{}$ 이므로 10씩 묶은 수의 크기는 같다. 하지만 49는 46보다 낱개 수가 $\boxed{}$ 크므로 46보다 49가 더 $\boxed{}$ 수이다.

어떤 두 수의 크기를 비교할 때 먼저 10씩 묶은 수부터 비교하고 나서 낱개를 비교하면 두 수의 크기를 잘 알 수 있습니다. 왜 그럴까요? 23과 32를 비교하면서 답변하세요.

짝수와 홀수

2학기
100까지의 수

홀수와 짝수

세면대 앞에 선다.
양치는 홀수로 하고
세수는 짝수로 한다.
양치는 한 손으로 하고
세수는 두 손으로 하니까.

아침을 먹는다.
밥은 홀수로 먹고
반찬은 짝수로 먹는다.
숟가락은 홀수이고
젓가락은 짝수이니까.

외출 준비를 한다.
머리는 홀수로 하고
발은 짝수로 한다.
모자는 홀수이고
양말은 짝수이니까.

자전거를 탄다.
동생은 홀수를 타고
나는 짝수를 탄다.
세발자전거 바퀴는 홀수이고
두발자전거 바퀴는 짝수이니까.

배드민턴을 한다.
날아가는 것은 홀수이고
날리는 것은 짝수이다.
셔틀콕은 홀수이고
라켓은 짝수이니까.

앉아서 땀을 식힌다.
앉은 자리는 홀수이고
앉은 사람은 짝수이다.
벤치 하나는 홀수이고
아빠와 나는 짝수이니까.

날이 저문다.
홀수 낱말은 지고
짝수 낱말은 뜬다.

해는 홀수이고
달과 별은 짝수이니까.

윷놀이를 한다.
윷판은 홀수이고
윷가락은 짝수이다.
윷판은 한 장이고
윷가락은 네 개이니까.

책을 읽는다.
만화책은 홀수로 읽고
동화책은 짝수로 읽는다.
만화책은 나 혼자 읽고
동화책은 엄마와 함께 읽으니까.

숙제를 한다.
학교 숙제는 홀수이고
학원 숙제는 짝수이다.
다니는 학교는 한 곳이고
다니는 학원은 두 곳이니까.

나는 홀수인데

내 마음은 짝수이다.

숙제를 하려는 마음도 홀수이고

숙제를 안 하려는 마음도 홀수이니까.

홀수에 홀수를 더하면 짝수가 되니까.

숙제 하지 말자!

숙제 하자!

□에 알맞은 말을 쓰세요.

숙제를 앞둔 나는 홀수, 내 마음은 짝수

학교 숙제는 홀수, 학원 ⬜⬜는 짝수

만화책은 홀수로 읽고, 동화책은 짝수로 읽는다

윷판은 홀수, 윷 ⬜⬜은 짝수

해는 홀수 낱말, 달과 별은 짝수 ⬜⬜

벤치 하나는 홀수, 아빠와 나는 짝수

배드민턴 셔틀콕은 홀수, 라켓은 ⬜수

세발자전거 ⬜⬜는 홀수, 두발자전거 ⬜⬜는 짝수

모자는 ⬜수, 양말은 짝수

숟가락은 홀수, 젓가락은 ⬜수

양치하는 한 손은 홀수, 세수하는 두 손은 짝수

짝수와 홀수의 뜻풀이입니다. □에 알맞은 낱말이나 숫자를 쓰세요.

짝수는 2, 4, ☐, 8, 10과 같이
☐씩 짝을 지을 수 ☐는 수이다.

홀수는 1, ☐, 5, ☐, 9와 같이
둘씩 ☐을 지을 수 ☐는 수이다.

이해하기 2

앞의 동시에서 나타낸 짝수에 해당하는 것을 보기에서 찾아 모두 밑줄 치세요.

칫솔	젓가락	모자	두발자전거 바퀴
셔틀콕	윷가락	숙제	학교

판단하기

10부터 38까지의 수에서 홀수를 모두 쓰세요.

사용하기

정민이는 홀수 날에 이틀 동안 쓸 용돈을 받기로 했습니다. 1월은 31일 까지 있습니다. 그럼, 1월에 정민이는 용돈을 몇 번 받게 될까요? □에 알맞은 수를 쓰세요.

□ 번

짝수끼리 덧셈을 하면 짝수가 나올까요? 홀수가 나올까요? 반대로, 홀수끼리 덧셈을 하면 짝수가 나올까요? 홀수가 나올까요? 실제로 짝수끼리, 홀수끼리 덧셈을 해 보고 그 결과를 확인하여 답변하세요.

시계 보기

2학기
모양과 시각

하루는 몇 시간일까요? 옛날 조선 시대에 우리나라는 하루의 시간을 십이시(十二時)로 나타냈습니다. 그래서 옛날에는 하루가 12시간이었습니다. 오늘날은 전 세계에서 하루를 24시간으로 구분합니다. 그럼, 오늘날의 시간 길이가 옛날에 비해 두 배나 길어졌을까요? 아닙니다. 옛날에는 오늘날의 2시간의 시간 길이를 1시간으로 나타냈을 따름입니다. 예를 들어, 밤 11시부터 오전 1시까지의 2시간 동안을 옛날에는 자시(子時)라고 했습니다.

왜 그랬을까요? 옛날은 오늘날보다 생활이 덜 복잡했습니다. 옛날에는 때에 맞추어 열차가 출발하는 일이 있는 것도 아니고, 서당(학교)에서도 여러 교과목 수업이 따로 있는 것이 아니어서 수업 시간을 자세히 나눌 필요가 없었습니다. 그리고 주로 농사짓는 생활에서 시간을 자세히 구분 지을 필요가 없었던 것입니다. 하지만 오늘날은 사회가 매우 복잡합니다. 그래서 오늘날의 사회는 시간도 '시, 분, 초'로 구분 지어서 사용해야 할 만큼 바쁘게 돌아갑니다.

오늘날 우리는 시계를 보며 시각을 알아차립니다. 시각은 '시간의 한때'를 가리키는 낱말입니다. 그래서 우리는 시계를 보면서 지금 시각이 '몇 시 몇 분'인지를 알아차립니다. 반면에 시간은 '언제부터 언제까지'를 뜻하는 낱말입니다. 예컨대 학교에서 1교시 수업 시간은 9시 10분부터 9시 50분까지입니다. 이 40분 동안의 시간 길이가 '시간'입니다. 그리고 1교시가 끝났음을 알리는 종소리가 9시 50분에 납니다. '그때'가 바로 '시각'입니다.

시계를 보는 방법은 무엇일까요? 시계에는 짧은바늘(시침)과 긴바늘(분침)이 있습니다. 짧은바늘(시침)은 지금이 몇 시인지를 나타냅니다. 즉, 시계의 짧은바늘(시침)이 가리키는 숫자 한 칸은 1시간을 나타냅니다. 예를 들어, 시계의 짧은바늘(시침)이 숫자 1을 가리키고 있으면 그때가 1시인 것입니다. 이렇게, 시계의 짧은바늘(시침)이 2를 가리키면 2시이고, 3을 가리키면 3시이며, 4를 가리키면 4시인 것입니다. 그래서 시계의 짧은바늘(시침)이

시계를 한 바퀴 돌기까지는 12시간이 걸립니다. 그러므로 시계의 짧은바늘(시침)은 하루에 시계를 두 바퀴 돕니다. 하루는 24시간이니까요.

긴바늘(분침)은 지금이 몇 분인지를 나타냅니다. 즉, 시계의 긴바늘(분침)이 가리키는 숫자 한 칸은 5분을 나타냅니다. 똑같이 예를 들어, 시계의 긴바늘(분침)이 숫자 1을 가리키고 있으면 그때가 (몇 시) 5분인 것입니다. 이렇게, 시계의 긴바늘(분침)은 다음 숫자를 가리킬 때마다 5분씩 늘어납니다. 그래서 시계의 긴바늘(분침)이 2를 가리키면 (몇 시) 10분이고, 3을 가리키면 (몇 시) 15분이며, 4를 가리키면 (몇 시) 20분인 것입니다. 그래서 시계의 긴바늘(분침)이 시계를 한 바퀴 돌기까지는 60분이 걸립니다. 그러므로 60분은 1시간입니다.

아홉 시

나무 문해력 초등 수학 1학년

나무 문해력 익히기

□에 알맞은 말을 쓰세요.

시계의 □ 바늘(분침)이
나타내는 것: 몇 □

시계의 짧은바늘(시침)이
나타내는 것: 몇 시

시각의 뜻과
시 □ 의 뜻

옛날에 하루를
12시간으로 구분했던 까닭

옛날의 하루는
12시간으로 구분함

오늘날의 하루는 24시간입니다. 옛날(조선 시대)에 우리나라는 하루를 몇 시간으로 나누었을까요? 앞의 글을 읽고 □에 알맞은 수를 쓰세요.

□ 시간

시각과 시간의 뜻풀이를 □에 알맞게 쓰세요.

시각은 '시간의 □□'를 가리키는 낱말이며,
시간은 '언제 □□ 언제 □□'를 뜻하는 낱말이다.

판단하기

시계의 짧은바늘(시침)이 시계의 숫자 5와 6 사이에 있고, 시계의 긴바늘(분침)은 시계의 숫자 8을 가리키고 있습니다. 이 시각은 몇 시 몇 분입니까?

☐ 시 ☐ 분

사용하기

시계에 나타난 시각은 몇 시 몇 분인가요? ☐에 그 시각을 쓰세요.

☐ 시 ☐ 분

오늘날은 "내일 낮 1시 30분에 학교 운동장에서 만나."라며 친구끼리 약속합니다. 그런데 오늘날처럼 12시간으로 구분된 시계가 없었던 오래전 옛날에는 사람들이 약속 시각을 어떻게 정했을까요? 스스로 생각하여 답변하세요.

10

규칙 찾기

2학기
규칙 찾기

어떤 물건에는 나름의 규칙이 있습니다. 수학에서의 규칙은 '어떤 물건의 모양이나 색깔, 수 등이 연이어 반복되는 것'을 뜻하는 낱말입니다. 그러한 규칙이 있는 물건은 우리 주변을 살펴보면 많습니다. 예컨대, 운동화에는 신발 끈이 묶인 규칙이 있습니다. 그 규칙은 신발 끈이 × 모양으로 엇갈려 묶이거나 ≡ 모양으로 나란히 묶인 것입니다. 옷에는 단추나 지퍼의 규칙이 있습니다. 단추는 단추 맞은편에 단춧구멍이 있다는 규칙이 있습니다. 지퍼는 양쪽 톱니가 서로 맞물리게 만들어진 규칙이 있습니다. 장갑에도 규칙이 있습니다. 장갑에는 엄지와 새끼손가락을 끼우는 부분이 검지, 중지, 약지 손가락을 끼우는 부분보다 더 짧은 규칙이 있습니다. 사람의 손 모양을 본떠 만들었기 때문입니다.

달력에도 여러 규칙이 있습니다. 첫 번째 규칙은 월, 화, 수, 목, 금, 토, 일이라는 일곱 요일이 반복된다는 것입니다. 즉, 요일은 7일마다 반복되어 돌아옵니다. 예컨대, 올해 1월 1일이 월요일이었으면 그달의 월요일은 1일, 7일, 14일, 21일, 28일인 것입니다. 달력의 두 번째 규칙은 달력에서 날짜를 뜻하는 수는 오른쪽으로 갈수록 1씩 커진다는 것이며, 아래쪽으로 갈수록 7씩 커진다는 것입니다. 그 수가 아래쪽으로 갈수록 7씩 커지는 까닭은 요일이 반복되기 때문입니다. 그래서 대부분의 달력은 요일을 쉽게 구분하라고 날짜를 7일씩 끊어서 아래쪽에 이어서 적습니다.

규칙은 나열된 수에도 있습니다. 이 책의 8장에 나왔던 홀수와 짝수에는 분명한 규칙이 있습니다. 1, 3, 5, 7, 9……는 홀수인데,

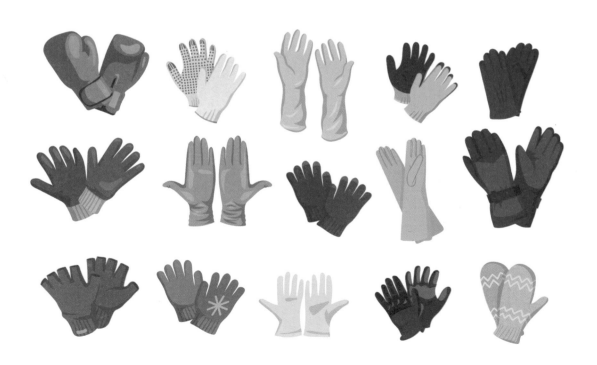

홀수는 '둘씩 짝을 지을 수 없는 수'라는 점이 홀수의 규칙입니다. 반면에 2, 4, 6, 8, 10……은 짝수인데, 짝수는 '둘씩 짝을 지을 수 있는 수'라는 점이 짝수의 규칙입니다. 그런가 하면, 1, 6, 11, 16, 21, 26, 31……에도 어떤 규칙이 있습니다. 그것은 '1에서 시작하여 5씩 커진 수'라는 점입니다.

이렇게 어떤 규칙은 신발에도 있고, 옷과 장갑에도 있고, 달력에도 있고, 나열된 수에도 있습니다. 그러한 규칙은 그 규칙들을 알아차리는 사람에게는 보이고, 알아차리지 못하는 사람에게는 보이지 않습니다. 규칙을 알아차리려면 꼼꼼히 살펴보는 태도가 필요하고, 때때로 곰곰이 생각해 보는 마음가짐도 필요합니다. 그러면 어떤 규칙을 발견하는 눈이 밝아집니다.

□에 알맞은 말을 쓰세요.

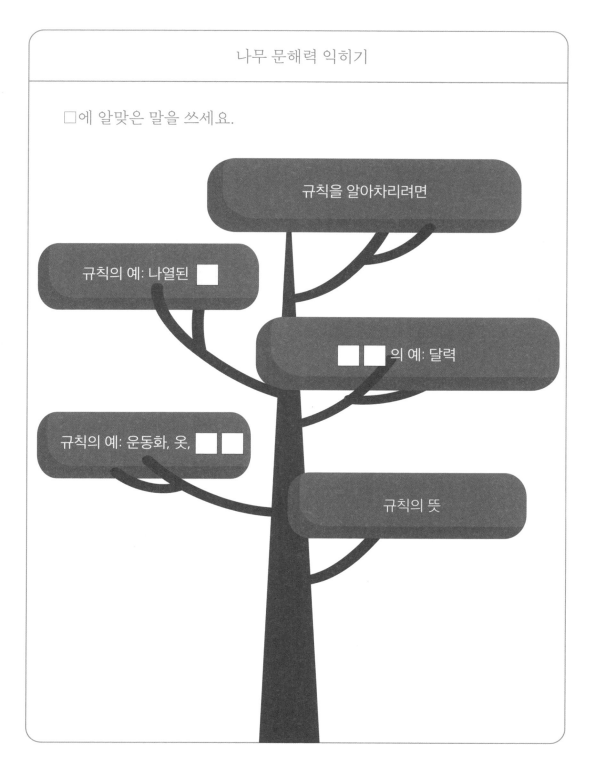

규칙을 알아차리려면

규칙의 예: 나열된 □

□□의 예: 달력

규칙의 예: 운동화, 옷, □□

규칙의 뜻

이해하기 1

달력에 있는 규칙이 아닌 문장에 밑줄 치세요.

달력에는 일곱 요일이 적혀 있다.

날짜의 수는 오른쪽으로 갈수록 1씩 커진다.

날짜의 수는 아래쪽으로 갈수록 7씩 커진다.

달력의 날짜는 항상 월요일부터 시작된다.

이해하기 2

물건에 있는 규칙을 설명한 문장에 밑줄 치세요.

운동화는 운동할 때만 신는 신발이다.

단추는 옷에만 달려 있다.

장갑은 양손에 하나씩 끼도록 만들어졌다.

지퍼는 단추보다 더 잘 잠긴다.

판단하기

어느 달의 7일은 수요일입니다. 그달의 수요일 날짜를 □에 모두 쓰세요.

☐ 일, ☐ 일, ☐ 일, ☐ 일

사용하기

아래의 나열된 수에는 어떤 규칙이 있을까요? 그 규칙을 □에 쓰세요.

18, 27, 36, 45, 54, 63

수가 ☐ 씩 ☐ 진다.

얼룩말의 털 색깔에는 어떤 규칙이 있나요? 그 규칙을 찾아 쓰세요.

해답

1 수는 어떻게 나타낼까

나무 문해력 익히기
□에 알맞은 말을 쓰세요.

수와 숫자의 차이
수는 여러 가지로 표시할 수 있다
숫자로 나타낸 수
문자로 나타낸 수
솔방울로 나타낸 수
수는 따로 있는 것이 아니다
수는 생활에서 발견할 수 있다

이해하기 1
앞의 글에서 나타낸 '수'의 낱말 뜻을 □에 알맞게 쓰세요.

수는 셀 수 있는 어떤 것을 세어서 나타낸 값이다.

이해하기 2
앞의 글에서 나타낸 '숫자'의 낱말 뜻을 □에 알맞게 쓰세요.

숫자는 수를 나타내는 한 표시이다.

판단하기
숫자로 나타낸 수에 밑줄 치세요.

일, 이, 삼, 사, 오, 육, 칠, 팔, 구
一, 二, 三, 四, 五, 六, 七, 八, 九
<u>1, 2, 3, 4, 5, 6, 7, 8, 9</u>

one, two, tree, four, five, six, seven, eight, nine

사용하기
한 아이가 세발자전거에서 여러 수를 발견하였습니다. 그 수들을 □에 숫자로 쓰세요.

바퀴 수: 3
손잡이 수: 2
발판(페달) 수: 2

참여하기
수는 숫자로 쓸 수도 있고, 문자로 쓸 수도 있습니다. 그 둘 중에 어느 쪽이 더 쓰기 편할까요? 둘 다 써 보고, 스스로 생각하여 대답하세요.

1부터 9까지의 수를 아라비아 숫자로는 1, 2, 3, 4, 5, 6, 7, 8, 9라고 씁니다. 한글로는 '일, 이, 삼, 사, 오, 육, 칠, 팔, 구'라고 쓰며, 영어로는 'one, two, tree, four, five, six, seven, eight, nine'이라고 씁니다. 그러므로, 문자보다 숫자가 수를 표시하기 편리합니다. 그래서 일상생활에서 우리는 수를 문자보다 숫자로 표시하는 경우가 더 잦습니다.

2 수는 무엇에 쓰일까

나무 문해력 익히기

□에 알맞은 말을 쓰세요.

어떤 필요에 따라 쓰이는 수
수의 쓰임 1: 기수(집합수)
수의 쓰임 2: 서수(순서수)
수의 쓰임 3: 다름의 표시
수의 쓰임 세 가지 정리

이해하기 1

수의 세 가지 쓰임은 무엇인가요? □에 알맞은 말을 쓰세요.

수의 첫 번째 쓰임: 개수(분량)를 세는 것

수의 두 번째 쓰임: 순서(차례)를 나타 내는 것

수의 세 번째 쓰임: 다름을 표시하는 것

이해하기 2

질문에 대하여 각각 알맞은 낱말을 □에 쓰세요.

개수(분량)를 표시하는 수를 무엇이라 고 부르나요?
기수 또는 집합수

순서(차례)를 표시하는 수를 무엇이라 고 부르나요?
서수 또는 순서수

판단하기

아래 문장에 쓰인 수가 기수인가요? 서 수인가요? 맞는 낱말에 밑줄 치세요.

아빠가 나무에서 감을 따며 그 수를 셌 다. 하나, 둘, 셋, 넷, 다섯……
(기수 / 서수)

은행에 도착하여 번호표를 뽑았다. 번호 표에 쓰인 수는 58이었다.
(기수 / 서수)

사용하기

한 아이가 쓴 일기입니다. 이 일기에 쓰 인 '기수'와 '서수'를 찾아서 '기수'에는 파란색 밑줄을 치고, '서수'에는 붉은색 밑줄을 치세요.

우리 할아버지는 육 남매 중에서 둘째로 태어나셨는데, 올해로 72세이다. 우리 가족은 우리 할아버지와 할머니를 매월 둘째 주와 넷째 주 일요일에 찾아뵙는 다.

참여하기

자신이 좋아하는 간식들이 무엇인가요? 자신이 가장 좋아하는 간식부터 '서수' 를 사용하여 쓰세요.

이를테면, 이렇게 쓸 수 있겠습니다.

내가 좋아하는 간식을 순서대로 쓰면 이 렇다. 첫째, 아이스크림. 둘째, 초콜릿. 셋째, 피자. 넷째, 햄버거. 다섯째, 붕어 빵.

3 여러 모양의 특징

나무 문해력 익히기
□에 알맞은 말을 쓰세요.

여러 모양과 그 모양들의 같은 점
모양들의 특징을 생각하여 만든 물건들:
　상자 모양, 둥근 기둥 모양, 공 모양
자연이 만들어 낸 모양들: 고깔 모양, 둥
　근 기둥 모양, 공 모양

이해하기 1
'상자 모양'과 '둥근 기둥 모양'의 같은 점
을 바르게 설명한 문장에 밑줄 치세요.

상자 모양과 둥근 기둥 모양에는 둥글고
　휘어진 부분이 있다.
<u>상자 모양과 둥근 기둥 모양에는 평평하
　고 반듯한 부분이 있다.</u>
상자 모양과 둥근 기둥 모양에는 잘 굴
　러 가는 부분이 있다.

이해하기 2
앞의 글의 내용입니다. □에 알맞은 낱
말을 쓰세요.

붓이나 낫 같은 농기구의 손잡이는 '둥
근 기둥 모양'으로 만들었습니다. 눈사
람이나 구슬이나 축구공은 '공 모양'으
로 만들었습니다.

판단하기
집을 짓거나 담장을 쌓을 때 사용하는
벽돌의 모양은 어떤 모양일까요? 그 모
양에 밑줄 치세요.

둥근 기둥 모양
공 모양
<u>상자 모양</u>
고깔 모양

사용하기
옳게 설명한 문장에 ∨ 표시를 하세요.

축구공을 공 모양으로 만든 까닭은
1. 잘 멈추게 하기 위함이다. (　)
2. 잘 구르게 하기 위함이다. (∨)

럭비공을 길쭉한 모양으로 만든 까닭은
1. 공이 구르는 방향을 예상할 수 있게
　한 것이다. (　)
2. 공이 구르는 방향을 예상할 수 없게
　한 것이다. (∨)

참여하기
태양을 비롯하여 수많은 별의 모양은
'공 모양'이에요. 그런데도 사람들은 ★
모양을 '별 모양'이라고 불러요. 왜 별
모양을 ● 모양으로 그리지 않고 ★으로
그렸을까요? 그 까닭을 생각하여 쓰세
요.

태양처럼 별들의 생김새는 실제로는 '공
모양'이지만 ★ 모양으로 그린 까닭이

있습니다. 밤하늘의 별빛이 우리 눈에 보일 때 사방으로 퍼지며 반짝이기 때문입니다. 그 반짝임을 누군가가 맨 처음에 ★ 모양으로 표현한 것입니다.

4 덧셈

나무 문해력 익히기
□에 알맞은 말을 쓰세요.

덧셈의 뜻과 '모으기' 활동
'모으기, 보태기, 더하기'는 같은 말
덧셈 식: 쓰기와 읽기
덧셈의 두 가지 뜻: ① 보탠다, ② 합한다

이해하기 1
앞의 글에서 설명한 덧셈의 뜻입니다. □에 알맞은 말을 찾아 쓰세요.

덧셈은 어떤 수와 다른 수를 더하는 활동이다.

이해하기 2
덧셈 식에 대한 설명입니다. □에 알맞은 표시를 쓰세요.

덧셈 식에서
'더하기'는 +로 나타내고,
'같다'는 =로 나타낸다.

판단하기
아래의 일기에는 덧셈이 나옵니다. 그 덧셈은 '보탠다'의 뜻인가요? '합한다'의 뜻인가요? 둘 중 알맞은 뜻에 밑줄 치세요.

낮에 언니와 함께 마켓에 갔다. 내가 이천 원짜리 과자를 사려는데, 가진 돈은 천오백 원뿐이었다. 그것을 본 언니가 내게 오백 원을 주었다. 언니 덕분에 과자를 살 수 있었다. 고마웠다.

(천오백 원에 오백 원을 보탠다)
(천오백 원과 오백 원을 합한다)

사용하기
형은 초콜릿 9개와 사탕 12개를 가지고 있습니다. 동생은 초콜릿 11개와 사탕 8개를 가지고 있습니다. 형이 가진 초콜릿, 사탕의 개수와 동생이 가진 초콜릿, 사탕의 개수를 □에 덧셈 식으로 쓰세요.

형: 9+12=21
동생: 11+8=19

참여하기
덧셈을 '덧셈 식'으로 하면 좋은 점이 무엇일까요? 스스로 생각하여 쓰세요.

덧셈은 '모으기'부터 시작하여 '더하기'가 익숙해지면 '덧셈 식'까지 하게 됩니다. '모으기'는 바둑돌 같은 물건으로 하거나 그림을 보고 하지만, '덧셈 식'은 수

와 식으로만 합니다. '덧셈 식'을 처음 배
울 때는 '손가락 꼽기'로 덧셈할 때보다
쉽지 않고 시간도 좀 걸리지만, '덧셈 식'
에 익숙해지면 '손가락 꼽기'보다 덧셈
을 빨리 할 수 있게 됩니다. 바로 그것이
'덧셈 식'의 좋은 점입니다.

5 뺄셈

나무 문해력 익히기
□에 알맞은 말을 쓰세요.

뺄셈의 뜻과 '가르기' 활동
'가르기'의 예
뺄셈 식
뺄셈의 세 가지 뜻: 덜어낸다, 차이가 있
  다, 같아진다

이해하기 1
앞의 글에서 설명한 뺄셈의 뜻입니다.
□에 알맞은 말을 찾아 쓰세요.

뺄셈은 어떤 수에서 다른 수를 빼는 활
동이다.

이해하기 2
뺄셈 식에 대한 설명입니다. □에 알맞
은 표시를 쓰세요.

뺄셈 식에서
'빼기'는 − 로 나타내고,

'같다'는 =로 나타냅니다.

판단하기
아래의 글에는 뺄셈이 나옵니다. 그 뺄
셈은 '덜어낸다'는 뜻인가요? '차이가 있
다'는 뜻인가요? '같아진다'는 뜻인가
요? 셋 중 알맞은 뜻에 밑줄 치세요.

오늘 점심시간에 운동장에서 놀았다. 5명의
아이들이 그네를 향해 달려갔다. 탈 수 있는
그네는 4개뿐이었다. 그래서 늦게 도착한 한
아이는 그네를 타지 못했다. 5−4=1이기 때
문이었다. 내가 양보했다.

(덜어낸다) (차이가 있다) (같아진다)

사용하기
□에 알맞은 수를 쓰세요.

형은 장난감 자동차를 17개 가지고 있
고, 동생은 장난감 자동차를 12개 가지
고 있다. 동생이 장난감 자동차 5개를
더 가지면 형이 갖고 있는 장난감 자동
차 개수와 같아진다.

참여하기
'두 수의 차'가 5가 되게끔 □에 알맞은
수를 쓰세요.

10−5=5
9−4=5
8−3=5
7−2=5

6-1=5

6 비교하는 표현

나무 문해력 익히기
□에 알맞은 말을 쓰세요.

비교의 뜻과 비교하는 표현
길이: 길다/짧다
넓이: 넓다/좁다
높이: 높다/낮다
무게: 무겁다/가볍다
가지 6: 양: 많다/적다

이해하기 1
비교하는 표현에는 주로 쓰이는 낱말이
있습니다. □에 그 낱말을 쓰세요.

비교하는 말은 '~이 ~보다 ~다.'라고 표
현한다.

이해하기 2
□에 알맞은 말을 쓰세요.

길이를 비교할 때는 '~이 ~보다 길다.'
또는 '~이 ~보다 짧다.'라고 표현한다.

무게를 비교할 때는 '~이 ~보다 무겁다.'
또는 '~이 ~보다 가볍다.'라고 표현한다.

판단하기
괄호에 들어갈 알맞은 낱말에 밑줄 치세
요.

청바지보다 반바지가 더 (좁다 / <u>짧다</u>)

일층 집의 높이가 아파트의 높이보다 더
(<u>낮다</u> / 작다)

사용하기
괄호에 들어갈 알맞은 낱말에 밑줄 치세
요.

기린의 목은 얼룩말의 목보다 (길어서 /
높아서) 높은 가지에 달린 잎을 먹을 수
있다.

아빠의 몸무게는 나의 몸무게보다 (많아
서 / **무거워서**) 둘이 시소를 타면 아빠 쪽
으로 기운다.

참여하기
'비교하는 표현'은 수학보다는 국어 과
목과 관련된 지식인 것 같습니다. 그런
데 왜 '비교하는 표현'이 수학 과목에서
배우는 지식이 되었을까요? 곰곰이 생
각하여 답변하세요.

'비교하는 표현'은 물론 국어 교과목과
도 관련 있는 내용입니다. 하지만, 초등
수학 1학년 교과서에서 가르치는 까닭
은 학생들에게 '공간'의 이해 능력을 키
워 주기 위한 것이라고 생각합니다. 다

시 말하면, 길이, 넓이, 높이, 무게, 양은 공간에서 생겨나는 사물의 크기입니다. 예컨대 건물, 다리, 터널 등을 짓는 건축(건설)은 수학을 잘 알아야 지을 수 있는 일입니다. 그래서 초등 수학 수업 시간에 그러한 공간 이해의 기초가 되는 도형을 배우고, 사물의 크기를 비교하여 표현하는 활동을 하는 것입니다.

7 10개씩 묶음과 낱개

나무 문해력 익히기
□에 알맞은 말을 쓰세요.

0이 십(열)을 뜻하는 경우
10의 두 가지 뜻
열 개인 것을 묶고 남는 수
수의 크기를 비교하는 방법
10씩 묶은 수의 크기가 같은 경우를 비교하는 방법

이해하기 1
□에 알맞은 낱말이나 숫자를 쓰세요.

10은 십(열)이다.
20은 이십(스물)이다.
30은 삼십(서른)이다.
40은 사십(마흔)이다.
50은 오십(쉰)이다.

이해하기 2
□에 알맞은 낱말을 쓰세요.

10은 '낱개가 열 개 있다.'라는 뜻을 갖고 있으며
'열 개인 것이 한 묶음 있다.'라는 뜻도 갖고 있다.

판단하기
열 개씩 묶음과 낱개를 구분하여 □에 알맞은 수를 쓰세요.

$13=10+3$
$28=10+10+8$
$37=10+10+10+7$
$46=10+10+10+10+6$

사용하기
□에 알맞은 낱말이나 숫자를 써서 46과 49의 크기를 비교하세요.

46과 49는 둘 다 $10+10+10+10$이므로 10씩 묶은 수의 크기는 같다. 하지만 49는 46보다 낱개 수가 3 크므로 46보다 49가 더 큰 수이다.

참여하기
어떤 두 수의 크기를 비교할 때 먼저 10씩 묶은 수부터 비교하고 나서 낱개를 비교하면 두 수의 크기를 잘 알 수 있습니다. 왜 그럴까요? 23과 32를 비교하면서 답변하세요.

23은 10+10+3과 같습니다. 32는 10+10+10+2와 같습니다. 23의 낱개 3은 32의 낱개 2보다 큰 수이지만, 10씩 묶은 수는 20(10+10)보다 30(10+10+10)이 더 큰 수입니다. 그래서 수의 크기를 비교할 때는 먼저 10씩 묶은 수부터 비교한 다음에 낱개를 비교하면 양쪽 수의 크기를 쉽게 알 수 있습니다. 그러므로 23보다 32가 9 큰 수입니다.

8   짝수와 홀수

나무 문해력 익히기
□에 알맞은 말을 쓰세요.

양치하는 한 손은 홀수, 세수하는 두 손은 짝수
숟가락은 홀수, 젓가락은 짝수
모자는 홀수, 양말은 짝수
세발자전거 바퀴는 홀수, 두발자전거 바퀴는 짝수
배드민턴 셔틀콕은 홀수, 라켓은 짝수
벤치 하나는 홀수, 아빠와 나는 짝수
해는 홀수 낱말, 달과 별은 짝수 낱말
윷판은 홀수, 윷가락은 짝수
만화책은 홀수로 읽고, 동화책은 짝수로 읽는다
학교 숙제는 홀수, 학원 숙제는 짝수
숙제를 앞둔 나는 홀수, 내 마음은 짝수

이해하기 1
짝수와 홀수의 뜻풀이입니다. □에 알맞은 낱말이나 숫자를 쓰세요.

짝수는 2, 4, 6, 8, 10과 같이
둘씩 짝을 지을 수 있는 수이다.

홀수는 1, 3, 5, 7, 9와 같이
둘씩 짝을 지을 수 없는 수이다.

이해하기 2
앞의 동시에서 나타낸 짝수에 해당하는 것을 보기에서 찾아 모두 밑줄 치세요.

칫솔   젓가락   모자   두발자전거 바퀴
셔틀콕   윷가락   숙제   학교

판단하기
10부터 38까지의 수에서 홀수를 모두 쓰세요.

11 13 15 17 19 21 23 25 27 29
31 33 35 37

사용하기
정민이는 홀수 날에 이틀 동안 쓸 용돈을 받기로 했습니다. 1월은 31일까지 있습니다. 그럼, 1월에 정민이는 용돈을 몇 번 받게 될까요? □에 알맞은 수를 쓰세요.

16번

참여하기

짝수끼리 덧셈을 하면 짝수가 나올까요? 홀수가 나올까요? 반대로, 홀수끼리 덧셈을 하면 짝수가 나올까요? 홀수가 나올까요? 실제로 짝수끼리, 홀수끼리 덧셈을 해 보고 그 결과를 확인하여 답변하세요.

짝수끼리 덧셈을 해 봅니다. 4+4=8(짝수), 6+8=14(짝수), 10+10=20(짝수). 홀수끼리도 덧셈을 해 봅니다. 3+3=6(짝수), 5+7=12(짝수), 11+11=22(짝수). 그러므로, 짝수끼리 덧셈을 해도 짝수가 나오고, 홀수끼리 덧셈을 해도 짝수가 나옵니다. 이 결과는 짝수에 짝수를 더해도 짝수가 되고, 홀수에 홀수를 더해도 짝수가 된다는 말입니다.

9 시계 보기

나무 문해력 익히기

□에 알맞은 말을 쓰세요.

옛날의 하루는 12시간으로 구분함
옛날에 하루를 12시간으로 구분했던 까닭
시각의 뜻과 시간의 뜻
시계의 짧은바늘(시침)이 나타내는 것: 몇 시
시계의 긴바늘(분침)이 나타내는 것: 몇 분

이해하기 1

오늘날의 하루는 24시간입니다. 옛날(조선 시대)에 우리나라는 하루를 몇 시간으로 나누었을까요? 앞의 글을 읽고 □에 알맞은 수를 쓰세요.

12시간

이해하기 2

시각과 시간의 뜻풀이를 □에 알맞게 쓰세요.

시각은 '시간의 한때'를 가리키는 낱말이며,
시간은 '언제부터 언제까지'를 뜻하는 낱말이다.

판단하기

시계의 짧은바늘(시침)이 시계의 숫자 5와 6 사이에 있고, 시계의 긴바늘(분침)은 시계의 숫자 8을 가리키고 있습니다. 이 시각은 몇 시 몇 분입니까?

5시 40분

사용하기

시계에 나타난 시각은 몇 시 몇 분인가요? □에 그 시각을 쓰세요.

10시 10분

참여하기

오늘날은 "내일 낮 1시 30분에 학교 운

동장에서 만나."라며 친구끼리 약속합
니다. 그런데 오늘날처럼 12시간으로
구분된 시계가 없었던 오래전 옛날에는
사람들이 약속 시각을 어떻게 정했을까
요? 스스로 생각하여 답변하세요.

오늘날 같은 기계 시계가 없었던 옛날
에는 약속 시각을 따로 정할 수 없었습
니다. 그래서 이렇게 만남 약속을 했을
것 같습니다. "내일 한낮에 우리 집에서
만나세." "내일 아침나절에 밭에서 만나
세." "내일 해질녘에 자네 집으로 가겠
네." 이렇게, 아침, 낮, 저녁 기준으로 만
남 약속을 하였을 것입니다. 그래서 여
유 있게 기다리고 만났을 것 같습니다.

10 규칙 찾기

나무 문해력 익히기
□에 알맞은 말을 쓰세요.

규칙의 뜻
규칙의 예: 운동화, 옷, 장갑
규칙의 예: 달력
규칙의 예: 나열된 수
규칙을 알아차리려면

이해하기 1
달력에 있는 규칙이 아닌 문장에 밑줄
치세요.

달력에는 일곱 요일이 적혀 있다.
날짜의 수는 오른쪽으로 갈수록 1씩 커
   진다.
날짜의 수는 아래쪽으로 갈수록 7씩 커
   진다.
<u>달력의 날짜는 항상 월요일부터 시작된다.</u>

이해하기 2
물건에 있는 규칙을 설명한 문장에 밑줄
치세요.

운동화는 운동할 때만 신는 신발이다.
단추는 옷에만 달려 있다.
<u>장갑은 양손에 하나씩 끼도록 만들어졌다.</u>
지퍼는 단추보다 더 잘 잠긴다.

판단하기
어느 달의 7일은 수요일입니다. 그 달의
수요일 날짜를 □에 모두 쓰세요.

7일, 14일, 21일, 28일

사용하기
아래의 나열된 수에는 어떤 규칙이 있을
까요? 그 규칙을 □에 쓰세요.

18, 27, 36, 45, 54, 63

수가 9씩 커진다.

참여하기
얼룩말의 털 색깔에는 어떤 규칙이 있나
요? 그 규칙을 찾아 쓰세요.

아프리카 초원에 사는 얼룩말의 털 색깔은 두 가지 색으로 이루어져 있습니다. 즉, 얼룩말은 머리부터 다리까지 흰색과 검은색 줄무늬가 번갈아 나타나 있습니다. 바로 그 반복되는 줄무늬가 얼룩말 털 색깔의 규칙입니다. 그런데, 왜 얼룩말에는 줄무늬가 있을까요? 얼룩말들은 서로 가까이 붙어서 생활합니다. 얼룩말들이 서로 가까이 붙어 있으면 줄무늬 때문에 얼핏 보면 한 마리씩 구별하기가 쉽지 않습니다. 그래서 그 줄무늬는 사자 같은 맹수의 눈을 불편하게 합니다.